AF562067

LOUIS-PHILIPPE

ET

LA FRANCE.

PRÉFACE.

Le petit ouvrage que je publie aujourd'hui n'a pas été écrit dans des vues intéressées, ni dans le but de flatter l'auguste Personnage qui préside maintenant au gouvernement de la France; mais il est le résultat d'une longue expérience et l'expression d'une conviction profonde. Il est probable que les opinions que j'ai émises dans la première partie, choqueront les personnes qui cherchent toujours le bonheur dans le passé ou dans l'avenir, sans tenir compte du bien de l'état actuel des choses. A celles-là je répondrai qu'il y a eu des Princes qui pendant leur vie occupèrent beaucoup le monde, et qui, après leur mort, furent qualifiés de tyrans et de despotes; tandis que d'autres Princes, après avoir fait le bien sans ostentation et sans éclat, étaient à juste titre bénis après leur règne comme bienfaiteurs de leur nation et même de l'humanité tout entière; et, à mon avis, c'est parmi ces derniers qu'il faut comprendre Sa Majesté **LOUIS-PHILIPPE**, Roi des Français.

Dans les passages où j'ai parlé de la grandeur et de la dignité de la France, tous mes compatriotes seront de mon côté; car l'esprit national ne s'est jamais démenti dans notre patrie.

Dans la seconde partie j'ai parlé des armes royales et des couleurs nationales de notre pays, et j'ai essayé d'en expliquer le sens symbolique, parce qu'elles sont très-significatives.

Dans la troisième partie enfin, j'ai fait l'éloge de la capitale de la France, qui en est si digne sous tous les rapports.

Puisse le public accueillir ce faible essai avec bonté et indulgence!

L'AUTEUR :

JACQUES **WEBER**,

26, *Rue de l'Arbre-Sec.*

Paris, 25 décembre 1846.

LOUIS-PHILIPPE ET LA FRANCE.

Bien des voix ont déjà raconté les vertus privées et publiques du sage Monarque qui est maintenant à la tête de l'État. En venant mêler mes faibles accents à ce concert, j'ai l'espoir que la conviction qui est dans mon cœur donnera quelque énergie à mes paroles quand je raconterai les bienfaits dont la génération présente est redevable au grand Roi dont la haute prévoyance travaille efficacement à l'élévation et à la prospérité de la France. Entouré de ministres habiles, secondé par eux dans ses louables desseins, il a su allier l'honneur et l'éclat de sa couronne avec le respect dû aux libertés publiques, et c'est pourquoi tous les citoyens se font un devoir sacré d'être fidèles à sa personne; c'est pourquoi tous mettent sur la même ligne la défense de son trône et celle du sol de la patrie.

Ce que je dis ici, je le soutiendrai et en rendrai témoignage en l'honneur et à la gloire de la France. J'avance ici avec respect et reconnaissance ce que Dieu m'a inspiré au milieu des rudes travaux dans lesquels j'ai trouvé une perle précieuse, mais qui n'appartient pas à moi seul, désirant en faire part à tous mes frères réunis dans le règne de notre Seigneur Jésus-Christ, pour amener le triomphe du Roi et glorifier son sceptre.

La France a arboré le drapeau de la paix dans toute l'Europe, car son Roi est le prince et l'ami de la paix. Ennemi de toute discorde intérieure, ennemi de toutes guerres meurtrières, de toutes conquêtes inutiles, le Roi des Français unit à une grande vaillance la prudence qui double la force; et l'on peut dire que, désormais, le sang de notre jeune population ne sera versé que pour la défense de la patrie et dans les combats provoqués par l'injustice de nos ennemis. Dieu alors secondera nos efforts, car s'il a en horreur l'effusion du sang innocent, et veut que nous nous regardions tous comme frères d'une grande et même famille, au lieu de nous entr'égorger pour de frivoles motifs, il ne peut vouloir qu'on ne défende pas son foyer contre un barbare agresseur.

Cette conservation permanente de la paix a déjà

porté d'excellents fruits. La sécurité, le repos, l'ordre, la tranquillité règnent parmi nous, grâce à la vigilance d'un Prince qui mérite à juste titre le nom de Père de la patrie. Mais tandis que les pères de famille bénissent ses glorieux efforts et que les bons citoyens lui manifestent leur gratitude par un dévouement et une fidélité sans bornes, des membres gangrenés de la société cherchent, sous un masque hypocrite, à troubler l'ordre établi, au profit de chimères dont la réalisation serait de substituer la licence à une sage liberté.

Louis-Philippe a su et saura déjouer leurs projets. Pour assurer son trône il a solidement construit sa demeure, afin qu'aucun ennemi ne puisse le surprendre et lui porter atteinte. Malheur à qui oserait l'attaquer! Malheur à qui oserait engager la lutte! Louis-Philippe, en tirant le glaive de la France, réduirait bientôt ce présompteux ennemi au désarmement et au silence. Les braves soldats auxquels il confierait la défense des retranchements de notre territoire, toujours prêts au combat et à la victoire, ne craindraient jamais de verser tout leur sang pour cette noble cause. Ils savent que le sort des batailles dépend de la valeur et du courage, et nul danger ne les arrêterait. — Que les bouches à feu vomissent leurs terribles éclairs, que le tonnerre du canon gronde à la frontière, et bientôt la musique guerrière entonnera la gloire de la France et le triomphe de son Roi resté maître du champ de bataille! — Oui, que la voix sévère des généraux d'armée se fasse entendre; que le cri : *En avant* retentisse aux oreilles du soldat, que le bruit du canon anime encore son courage, et partout, à l'attaque, à l'assaut, dans la mêlée, des cris d'allégresse répondront aux joyeuses fanfares annonçant la victoire. — L'armée française est glorieuse sur terre et sur mer, au loin comme auprès, sur tous les points du globe, et c'est au cri de : Vive le Roi des Français, de : Vive la France, que seront cueillies les couronnes que chefs et soldats mériteront par leurs talents militaires ou par leurs actions d'éclat sur le champ de l'honneur.

Mais le roulement des tambours, le son des trompettes appellent l'armée et la garde citoyenne à la défense du trône et des droits sacrés du Monarque. La hideuse discorde a relevé son front si souvent humilié. Dévoués et reconnaissants, les citoyens combattent avec un nouveau courage, parce qu'ils comprennent que de la solidité du trône dépend leur sécurité, et que ce n'est que par la licence qu'on peut détruire la liberté sous le spécieux prétexte de l'accroître. Que la garde nationale, que la troupe rivalisent de dévouement pour détruire ces factions envieuses qui auraient bientôt plongé dans le sang un pays heureux et prospère, et le signe de l'honneur viendra récompenser leur zèle et marquer leur valeur.

Que chaque citoyen, quel que soit son état ou sa position, soit toujours prêt à la défense de la patrie; que toute personne honorée de la protection du Roi s'empresse à défendre le trône si l'on osait encore l'attaquer: c'est là un devoir pour tous, pour le militaire comme pour l'habitant. Celui qui ne sait que puiser dans la bourse royale ou dans le trésor de l'État, celui qui au moment du péril abandonne lâchement son Roi et sa patrie, celui-là, dis-je, ne mérite pas le glorieux titre de citoyen français.

Cette parole est vraie; qu'elle soit entendue partout, dans la paix comme dans la guerre! C'est Dieu qui assiste les braves citoyens dans les combats et qui les maintient dans la bonne voie quand ils défendent le bon droit.

La France est le pays de la liberté; la France est le pays de la gloire. Jardin de l'Europe, elle jette ses grandes ombres jusque sur le sol brûlant de l'Afrique, tandis que la brillante couronne de son Roi jette de bienfaisants rayons sur toute la terre, comme le soleil éclaire tout l'univers. Mais, disons-le, le plus beau fleuron de cette couronne, c'est la religion de Jésus-Christ, fils de Dieu, et roi des rois, dont la gloire est célébrée par les chœurs des anges et les hymnes des mortels. Le Roi des Français est le premier prince de la chrétienté. Aussi est-il nommé Roi très-chrétien par les peuples qui réclament son assistance lorsque la foi chrétienne se trouve être en danger.

Le nom de la France est prononcé avec respect dans toutes les parties du globe. Les drapeaux de la République, les aigles de l'Empire, les bannières de Juillet ne l'ont-ils pas porté chez tous les peuples, ne l'ont-ils pas illustré dans tous les pays?

La France est une grande forteresse protégée par le patriotisme de ses guerriers. — Respectez nos frontières, potentats étrangers! Vous qui en voulez à nos libertés, gardez-vous d'imprimer vos pas sur le sol de notre pays! Votre témérité serait bientôt réprimée si vous osiez commettre ce sacrilége. N'exposez ni votre vie ni vos empires; ne nous forcez pas à attaquer les unes pour affranchir les autres.

Toute la défense et la sécurité d'un pays repose sur la concorde et la fidélité de ses habitants. L'unité est le vrai cachet de la liberté d'un peuple.

C'est la serrure de sûreté que nulle clé ennemie ne peut ouvrir. Quiconque attaquera l'honneur et la liberté de la France, reconnaîtra bientôt son orgueilleuse folie et sentira l'effet de la vengeance de ce puissant pays.

O France! tu es l'arche sainte où se réfugient les victimes de la tyrannie étrangère, les martyrs de la liberté. Tu reçois sur ta terre hospitalière les bannis, les persécutés de toutes les nations, et par tes bienfaits tu les consoles de la perte de leur patrie. N'as-tu pas ouvert successivement tes bras protecteurs aux enfants opprimés de l'Italie, de la Pologne et de la Germanie? Les partis vaincus de la Péninsule n'ont-ils pas tour à tour eu recours à ton humanité et vécu de ta bienfaisance? Grande sur le champ de bataille, grande dans la science et dans les arts, tu es plus grande encore par les sentiments généreux qui te portent à soulager tous les malheurs, toutes les infortunes.

Louis-Philippe, élevé sur son trône par la Providence divine et le choix d'une nation libre, fait respecter la justice dans toute l'étendue du royaume. A la droite de son trône sont les tables des lois sacrées, tandis qu'à la gauche est la balance de la justice. La protection royale garantit les droits des citoyens qui les exercent avec tranquillité. Mais le glaive royal de la justice poursuit ceux qui jettent le désordre dans l'État, en attentant aux droits de leurs concitoyens. Prions Dieu, notre Père, de combler ce Roi juste de ses bénédictions et de lui accorder sa divine protection, comme il l'a accordée à Moïse, son fidèle serviteur.

Que la jeunesse se forme, dès son bas âge, pour la vertu et la religion, par les soins des parents, des maîtres et du clergé, comme le demande la sainte Écriture! qu'elles soient développées ces tendres plantes destinées à fleurir dans la société humaine et à mûrir pour le règne céleste! La religion doit être le fondement de l'éducation nationale; sans elle point de probité dans la vie civile, point de fidélité dans les devoirs sacrés.

Jeunes élèves, témoignez votre reconnaissance à votre Roi par une sage conduite et une application soutenue. Sous son règne, l'instruction, qui n'était que le partage des grandes villes et des classes riches, s'est répandue dans les campagnes et jusque dans les moindres hameaux. Déjà la grossière ignorance du peuple dans les connaissances les plus utiles, a presque partout disparu pour faire place aux bienfaits d'un enseignement fécond et vraiment populaire. Espérons que d'aussi grands résultats trouveront une récompense proportionnée aux travaux qui les ont produits, et que la reconnaissance publique forcera à la honte et au silence ceux qui ne craignent pas d'appeler la plus insigne mauvaise foi au service de leurs passions hypocrites. Alors la fausse monnaie de la perfidie n'aura plus cours en France, et l'or pur de la sincérité, appelé par les lumières qui règneront de toutes parts, aura seul cours à l'avenir dans notre chère patrie.

Qui a pu méconnaître dans le passé et ne reconnaît pas dans le présent que Dieu a pris notre Roi sous sa divine garde, qu'il l'assiste dans ses grands travaux et le protége visiblement dans les dangers qu'hélas! il a si souvent courus? Qu'ils sont à plaindre les hommes assez pervers pour attenter à une vie consacrée tout entière au bonheur de la patrie! Mais aussi combien doivent être sincères les remercîments que nous devons adresser à la Providence pour l'avoir fait échapper à tant de périls, à tant de dangers! Car ce n'était pas alors seulement une existence qui pouvait être frappée dans sa durée, c'était la France elle-même qui aurait été frappée dans sa prospérité! Mais, comme le prophète Daniel sortant intact de la fosse aux lions, de même le Roi a été miraculeusement sauvé. En vain les machines infernales ont vomi la mort autour de son auguste personne, les balles meurtrières des assassins ne sont amorties devant le protégé du Tout-Puissant, qui lui donne la force de supporter cette couronne d'épines au milieu des dangers qui l'environnent. Bénissons donc le Dieu qui veille à son salut.

Celui qui gouverne le monde entier a fait passer notre Roi, dans sa jeunesse, par l'école du malheur, afin qu'à l'âge mûr il fût apte à remplir les hautes fonctions auxquelles il l'avait destiné. Il l'a humilié d'abord pour l'élever ensuite sur le trône du plus beau royaume de l'univers. En parcourant de lointains rivages, notre Roi a accueilli un grand trésor d'expérience qu'il fait valoir pour le bonheur de la France. Éprouvé par les revers, son pouvoir ne l'enorgueillira pas. Il n'oubliera point de rendre grâce à celui qui le lui a confié. Loin de faire abus de sa haute puissance, il donne à son peuple le plus bel exemple de la modération. Comme Moïse et Josué ont conduit les Israélites d'après la loi divine, de même notre Roi marche à la tête de son peuple pour le conduire, par un règne doux et par une clémence toute chrétienne, au comble du bonheur et de la félicité. Dieu veuille lui donner toujours de sages et prudents conseillers pour le seconder fidèlement dans le gouvernement si difficile du pays, afin que l'aisance se répandant dans la grande famille française, toute discorde disparaisse dans une commune prospérité.

J'ai dit plus haut que notre Roi préfère la palme de la paix aux lauriers du conquérant; c'est pour cela qu'il fait fleurir les sciences, les arts et l'industrie, qui ne prospèrent qu'à l'ombre protectrice de la paix, et que le bruit confus des armes fait éteindre.

Voulez-vous voir une preuve éclatante de l'amour de notre Roi pour les beaux arts? Portez vos pas jusque dans l'ancienne résidence de nos rois, et alors vous admirerez la magnificence toute royale avec laquelle il a orné le plus beau palais du monde d'une incroyable quantité de chefs-d'œuvre de peinture et de sculpture; vous pourrez y lire sur la toile et sur le marbre l'histoire de la France, depuis le commencement de la monarchie jusqu'à ces derniers temps. Vos regards seront attirés sans doute par une statue remarquable entre les plus belles; et si vous demandez quel est l'auteur de ce chef-d'œuvre, on vous répondra: C'est une des filles du Roi des Français.

Et puis, rappelez à votre pensée les grands monuments de la gloire et de la religion qui se trou-

vaient inachevés lors de l'avénement de Louis-Philippe, et que les guerres des époques précédentes, en obérant le trésor, avaient fait laisser à l'abandon; voyez-les s'élever, s'achever sous les efforts de nombreux et habiles ouvriers, et se décorer de ce que les arts peuvent offrir de magnifique, de grandiose! Et demandez-vous à qui doit-on qu'un admirable arc-de-triomphe s'élève majestueusement, pour donner au plus beau quartier de la plus belle ville du monde, une entrée digne de sa splendeur, et pour transmettre à la postérité le souvenir des exploits de nos guerriers fameux? — A qui doit-on que d'un grand temple chrétien, appuyé sur d'innombrables et gigantesques colonnes, les prières des fidèles s'élèvent chaque jour au ciel? A qui doit-on que les cendres du plus grand capitaine du siècle aient été transportées d'une île déserte dans la patrie que ce héros avait illustrée de sa gloire, quand il en fut devenu chef par son génie? Qui a le mérite d'avoir transféré du voisinage des pyramides ce remarquable obélisque qui orne aujourd'hui la plus belle place de la capitale? N'est-ce pas à Louis-Philippe que sont dûs ces grands travaux, à la suite desquels mille autres pourraient être cités? Et n'est-ce pas encore au Roi des Français que l'on doit attribuer l'impulsion qui, traversant toutes les classes, a produit partout le bien-être, la santé, et même un luxe nécessaire, qui, en développant l'industrie, emploie des milliers de bras que moins de prévoyance eût laissés inactifs?

Mais, après ces vérités si connues, il faut en reconnaître d'autres qui ne sont pas plus contestables. La prospérité générale n'a pas fait perdre un seul instant de vue au chef de l'État qu'une nation comme la France devait être puissante par ses armes, et que, tout en conservant la paix, elle devait être prête pour la guerre. Or, contestera-t-on de bonne foi que la France soit aujourd'hui plus puissante qu'elle ne le fut jamais à aucune autre époque? Et pourtant vous souvient-il encore dans quel déplorable état se trouvait notre patrie, lorsqu'en 1830 notre Roi monta sur le trône? L'armée de terre était faible, désorganisée et commandée par des nobles et de grands seigneurs qui, pour la plupart, n'avaient jamais senti la poudre; la flotte, mal équipée et commandée par des amiraux d'antichambre, ne comptait que peu de vaisseaux, et était encore dans un plus triste état. Les chantiers de marine étaient presque déserts, les arsenaux vides, et les magasins de toute espèce peu ou point approvisionnés. La garde de la personne du Roi était confiée à des mercenaires étrangers, comme si le Roi de France ne pouvait compter sur la fidélité des citoyens. Les soldats de l'empire, qui seuls connaissaient le métier des armes, étaient repoussés, suspectés, avilis. Les deniers publics, au lieu d'être employés à une forte réorganisation des armées de terre et de mer, passaient en grande partie dans les poches des courtisans et des courtisanes, ou dans la bourse de vils et avides flatteurs, qui assiégeaient le trône jour et nuit. La France était, pour ainsi dire, la docile et très-obéissante esclave de tous les potentats environnants; elle qui, sous les glorieux drapeaux de l'empereur Napoléon, les avait fait trembler tour à tour en ébranlant ou renversant leurs trônes, devenait leur vassale et se laissait désarmer à son tour sans chercher à reconquérir la brillante position dont elle était si précipitamment descendue.

Il y eut pis encore. Le cancer de la discorde et de la méfiance rongeait la France, la douce concorde que le grand Empereur avait ramenée parmi nous allait disparaître de nouveau, exilée par son affreuse rivale : mais ce mal portait son remède. Les partis, divisés, se réunissaient cependant dans un mécontentement général contre le gouvernement rétrograde dont les actes téméraires devaient être si fatals au malheureux prince qui portait la couronne, et c'est alors que, par les conseils de ministres mal avisés, l'édifice mal assis s'écroula tout à coup dans les trois journées de Juillet de glorieuse mémoire!

Si, de cette époque de décadence gouvernementale, vous vous reportez au moment actuel, que voyez-vous? — Vous voyez la France défendue par une armée de terre forte de plus de 340,000 hommes; par une armée courageuse, bien équipée, bien organisée et bien disciplinée. On ne vous demande pas d'ancêtres pour obtenir un grade, accorder un avancement. L'aptitude, les talents, sont la loi suprême d'admission, et nos Princes eux-mêmes tiennent à honneur de prendre part à ses travaux en servant dans ses rangs, en passant par tous les grades. — Vous voyez une artillerie formidable, bien montée, bien servie, tandis que nos arsenaux et nos magasins sont remplis de munitions de toute sorte.

Puis, portez vos yeux au delà, embrassez d'un coup d'œil l'élément liquide; voyez cette nombreuse flotte sillonner l'océan. Quelle est cette flotte? Qui commande cette forêt de mâts? — Cette flotte est la flotte française, et celui qui la commande est le glorieux Prince de Joinville, fils de notre Roi ; c'est le Prince de Joinville, qui compte déjà autant de campagnes que d'années ; qui a eu l'honneur de ramener de l'île Sainte-Hélène les restes mortels de l'Empereur, et qui, plus récemment, bombardait, foudroyait Mogador. — Admirez cette flotte, dont la beauté excite l'orgueil de tout marin et la jalousie de l'Angleterre, cette vieille louve de mer.

Jetons maintenant un coup d'œil rapide sur la vie privée de notre Roi ; pénétrons, pour ainsi dire, dans le sein de sa famille. Là encore nous ne pouvons pas lui refuser notre admiration, notre respect. La simplicité, la frugalité et une sage économie règnent dans cette famille vénérable, qui a pour chef celui qui était déjà le modèle des pères de famille, avant d'être le modèle des rois ; lequel a pour épouse une Reine remplie de tendresse maternelle et parée de toutes les vertus évangéliques, secondée dans l'accomplissement de ses devoirs difficiles par une vraie et fidèle amie, par la sœur du Roi. La Reine a réussi à inspirer à ses enfants, dès leur tendre enfance, ces sentiments de simplicité, de moralité et de piété qui l'animaient elle-même, ainsi que son royal époux. Au sein de cette famille vous ne trouvez ni orgueil ni présomption ; les fils du Roi participent à l'instruction nationale dans les colléges et viennent s'asseoir modestement à côté des fils de bourgeois. Dans les palais du premier citoyen de France, vous ne verrez jamais les orgies, les débauches et cette dissolution morale qui ont déshonoré tant de règnes précédents. Vous n'y verrez pas davantage cette dilapidation des deniers de la couronne qui a conduit des rois français jusqu'au bord du précipice. Tout ce qui se passe dans la demeure de notre Roi se fait avec élégance, avec décence et avec dignité.

Maintenant je voudrais parler de ce jeune et noble Prince qui, pour la bonté de son cœur et pour son affabilité, était estimé de tous les bourgeois et aimé de toute l'armée; je voudrais parler, dis-je, de ce premier rejeton de la famille royale qui, par ses excellentes qualités, garantissait un heureux avenir à toute la France. Je voudrais parler aussi de cette noble et bienfaisante Princesse qui est venue des bords de la Baltique unir son sort à celui du meilleur des époux; mais qui, au lieu de voir un jour son front ceint du diadème royal, a eu la douleur de se voir arracher, par une mort prématurée, ce qu'elle avait de plus cher au monde, et qui, après cette perte cruelle, trouve sa consolation dans une résignation sublime, et consacre une vie retirée à l'éducation de l'héritier futur du trône et du second Prince que la Providence lui a laissé. — Je voudrais aussi parler de l'affliction profonde qui a pénétré la France entière à la nouvelle de l'horrible catastrophe qui causa la mort du Prince royal ; mais je craindrais de rouvrir une plaie qui commence à peine à se cicatriser. Éloignons plutôt ces tristes souvenirs et prosternons-nous devant les desseins impénétrables de la divine Providence, qui règle, dans sa sagesse, la destinée de tous les mortels !

LES ARMOIRIES ROYALES ET LES COULEURS NATIONALES DE FRANCE,

AVEC LEUR EXPLICATION.

Depuis des siècles, les monarques français et la Maison d'Orléans ornaient leurs armes de fleurs de lis en champ d'azur, c'est-à-dire des fleurs de cette belle plante qui, par sa blancheur éclatante et la verdure fraîche de ses feuilles, nous annonce chaque année le retour du printemps et la renaissance de la nature; mais depuis la glorieuse révolution de juillet, notre Roi et la nation française ont adopté dans leurs armes, sur les drapeaux militaires et sur les cocardes, les trois couleurs, bleue, blanche et rouge, qui représentaient dans la première révolution l'union du tiers-état, du clergé et de la noblesse. Qu'elle est belle et significative la réunion de ces trois couleurs!

Le *bleu*, — nous l'admirons dans le firmament, c'est-à-dire dans la voûte azurée qui nous environne de toutes parts, lorsque le ciel est serein et sans nuages ; nous l'admirons dans l'arc-en-ciel, cet ancien signe de la grâce de Dieu, lorsque ce cercle lumineux s'étend au-dessus de nos têtes, comme un pont suspendu au ciel. Nous admirons le bleu dans des milliers de fleurs modestes qui se cachent dans nos champs et nos prés. La peinture chrétienne même a consacré le bleu comme couleur des vêtements de Notre Seigneur et de sa sainte mère. Le bleu est donc le type de la grâce et de la miséricorde divine; c'est la couleur de la modestie, de la clémence et de la douceur. Peut-il y avoir un plus beau symbole d'un règne doux et d'une nation généreuse et magnanime?

Le *blanc* est la couleur de la lumière qui répand sa clarté et ses rayons bienfaisants sur toute la terre. C'est la couleur de la candeur, de l'innocence, de la joie, mais aussi de la culture de l'esprit et de la civilisation. Peut-il y avoir un plus beau symbole du Roi qui a des lumières si étendues, et de la nation française dont l'esprit éclairé a répandu la civilisation dans une grande partie de la terre?

Le *rouge* est la couleur du feu, la couleur du sang et de la pourpre. C'est le symbole du courage et de la sainte colère qui s'enflamment pour repousser les outrages faits à la dignité nationale. C'est la couleur qui nous rappelle sans cesse de verser notre sang pour la patrie. Y a-t-il un plus beau symbole pour un Roi qui porte avec tant de fermeté la pourpre royale, et pour une nation aussi vive, aussi brave, aussi courageuse que le peuple français?

Drapeau tricolore, nous te saluons! Tu nous montres la clémence de Dieu en même temps que tu nous recommandes la douceur et la mansuétude envers les vaincus et envers ceux qui nous ont offensés. Tu nous prêches la pureté des mœurs et les bienfaits de l'instruction. Tu reçois nos serments quand nous jurons fidélité au Roi et au pays. C'est toi qui es le guide fidèle de nos guerriers au champ de bataille; tu les encourages et les ranimes lorsqu'ils sont sur le point de fléchir, et tu les conduis à la victoire en leur criant : *Mes enfants, la liberté ou la mort!!!*

PARIS ET SES MERVEILLES.

Paris, la capitale et le cœur de la France, est en même temps la cité du bon goût, des beaux arts et des plaisirs. Comparable par sa magnificence, par son luxe et ses monuments grandioses, à Babylone et à Ninive, ces villes célèbres de l'antiquité, elle les laisse loin en arrière par l'élégance et la perfection de son industrie, par la domination qu'elle exerce sur tous les peuples civilisés, par ses belles et gracieuses inventions, et par ses modes toujours nouvelles. Toutes les personnes de bonne compagnie subissent spontanément son joug, quel que soit le pays qu'elles habitent. Bien plus, Paris surpasse toutes les capitales de l'Europe par les chefs-d'œuvre d'art de tous genres qu'il possède, par les trésors de sa Bibliothèque royale, par les charmes de sa vie sociale et les jouissances variées qu'offrent ses cirques et ses théâtres. Tous ces avantages réunis à un climat doux et tempéré qui protége la célèbre cité à la fois contre la chaleur suffocante du midi et contre les froids excessifs du nord, en font un séjour délicieux et charmant. Il n'y a pas de plaisirs, de divertissements que ceux qui aiment une joyeuse vie, ou ceux qui s'adonnent à une vie studieuse, ne puissent s'y procurer.

Les productions les plus diverses, les plus précieuses des pays éloignés y affluent continuellement pour satisfaire les goûts les plus capricieux, les palais les plus délicats. La mer elle-même est tributaire de cette capitale, et envoie sur ses marchés ses produits variés et tout frais.

Paris s'embellit tous les jours de rues nouvelles et de constructions. Ses quais immenses font l'admiration des étrangers. Tout le monde sait que le Roi l'a fait entourer depuis quelques années d'une forte cuirasse qui la protégera à l'avenir contre toute hostilité.

En achevant ce petit tableau, je ne parlerai pas de la grâce et des belles manières des dames parisiennes, cas le monde entier les connaît et les admire. Je ne parlerai pas non plus de l'indépendance et de la liberté individuelle dont on jouit à Paris plus que partout ailleurs, avantage inestimable par lequel tant d'étrangers sont attirés dans son sein et y sont retenus pour longtemps, quelquefois pour toujours. Mais je ne terminerai pas cet éloge sans avoir dit que Paris est une ville unique, superbe et majestueuse, dont le souvenir vivra toujours dans le cœur de ceux qui l'ont visitée.

FIN.

Paris, Imp. Pollet et Comp., rue St-Denis, 380.

www.ingramcontent.com/pod-product-compliance
Lightning Source LLC
LaVergne TN
LVHW010406240826
846091LV00020B/2771

* 9 7 8 2 0 1 2 4 7 8 8 2 4 *